**ETS ARDOUIN**
2003

ÉCOLE FRANÇAISE D'ATHÈNES

# LA NÉCROPOLE

DE

# MYRINA

RECHERCHES ARCHÉOLOGIQUES EXÉCUTÉES

AU NOM ET AUX FRAIS DE L'ÉCOLE FRANÇAISE D'ATHÈNES

PAR

E. POTTIER, S. REINACH, A. VEYRIES

TEXTE ET NOTICES

PAR

EDMOND POTTIER ET SALOMON REINACH

ATTACHÉS DES MUSÉES NATIONAUX

TOME DEUXIÈME

PLANCHES

PARIS

ANCIENNE LIBRAIRIE THORIN ET FILS

ALBERT FONTEMOING, ÉDITEUR

LIBRAIR   Libraire des Écoles Françaises d'Athènes et de Rome,   IRIEURE,

du Collège de France, de l'École Normale Supérieure

et de la Société des Études Historiques.

4, RUE LE GOFF, 4

# LA NÉCROPOLE

DE

# MYRINA

II

**PLANCHES**

IMPRIMERIE GÉNÉRALE DE CHATILLON-SUR-SEINE. — A. PICHAT.

E. P.

ÉCOLE FRANÇAISE D'ATHÈNES

# LA NÉCROPOLE

DE

# MYRINA

RECHERCHES ARCHÉOLOGIQUES EXÉCUTÉES

## AU NOM ET AUX FRAIS DE L'ÉCOLE FRANÇAISE D'ATHÈNES

PAR

E. POTTIER, S. REINACH, A. VEYRIES

**TEXTE ET NOTICES**

PAR

EDMOND POTTIER ET SALOMON REINACH

ATTACHÉS DES MUSÉES NATIONAUX

TOME DEUXIÈME

PLANCHES

PARIS

ERNEST THORIN, ÉDITEUR

LIBRAIRE DU COLLÈGE DE FRANCE, DE L'ÉCOLE NORMALE SUPÉRIEURE,
DES ÉCOLES FRANÇAISES D'ATHÈNES ET DE ROME

7, RUE DE MÉDICIS, 7

1887

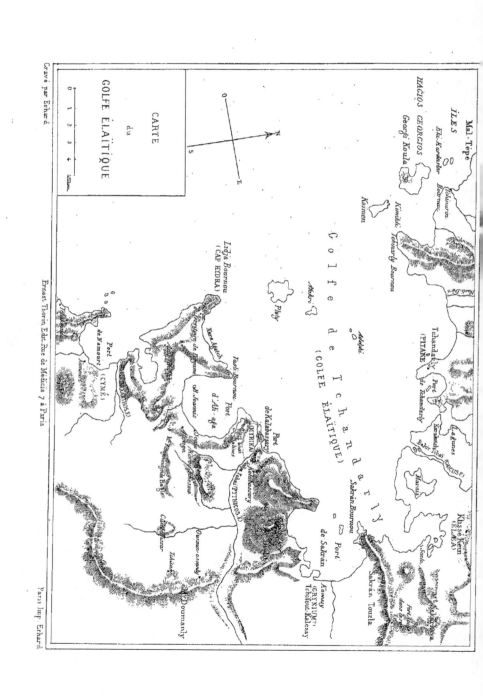

CARTE
du
GOLFE ÉLAÏTIQUE

Gravé par Erhard

Ernest Thorin, Edr. Rue de Médicis 7 à Paris

Paris Imp Erhard

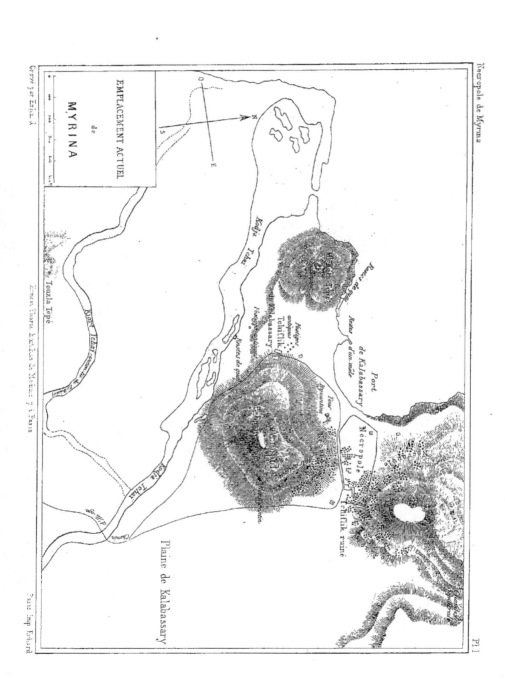

Pl. 1

 A.Fontemoing Edit

Héliog Dujardin.

Imp. Eudes.

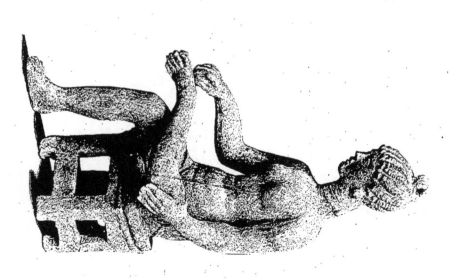

Héliog. Dujardin

Imp. Eudes.

Ernest Thorin, Edit. Rue de Médicis, 7, à Paris.

Héliog Dujardin.

A. Fontemoing. Édit.

Héliog. Dujardin.

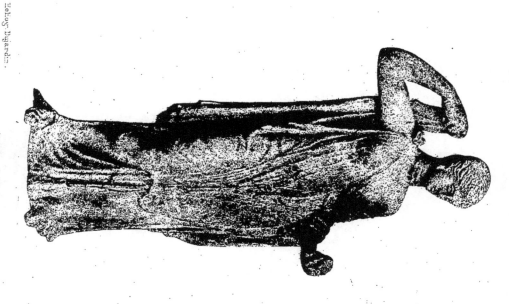

Imp. Eudes.

Imp. Dujardin A. Fontemoing, Edit.

Héliog. Dujardin.                                                    A. Fontemoing. Edit.

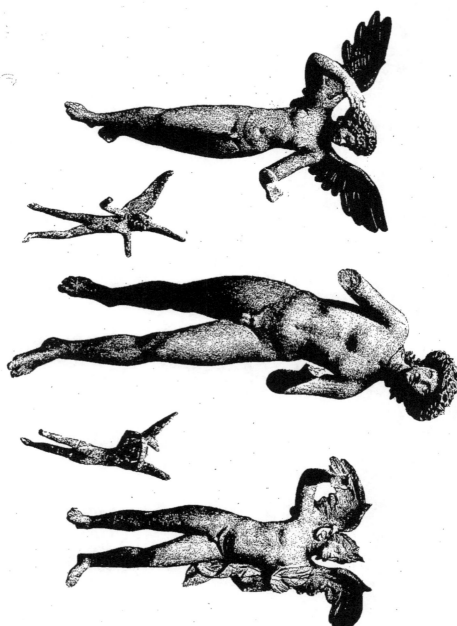

A. Fontemoing, Édit

Héliog: Dujardin.

Imp. Eudes.

Ernest Thorin, Edit. Rue de Médicis, 7, à Paris.

Héliog Dujardin.                                    Imp Eudes.

Ernest Thorin. Edit Rue de Médicis. 7. à Paris.

Hélio g. Dujardin. Imp. Eudes

Ernest Thorin, Edit. Rue de Medicis. 7, à Paris

A. Fontemoing. Edit.

XVIII.

Héliog. Dujardin

L'aers. Thenin 7 di. Rue de Médicis 7 à Paris.

Imp. Eudes.

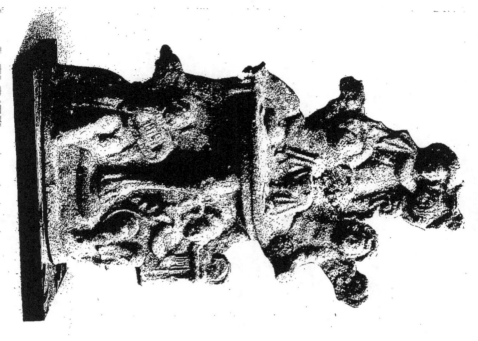

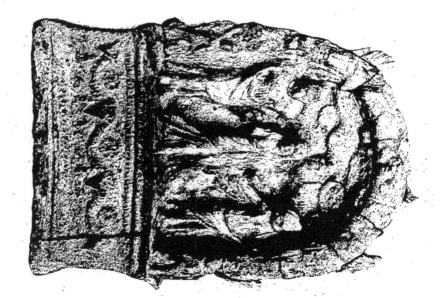

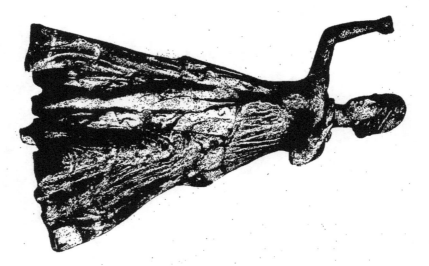

Héliog Dujardin.

Ernest Thorin, Édit. Rue de Médicis, 7, à Paris

Helio$. Dujardin                                                    A.Fontemoing. Edit.

Héliog. Dujardin.

Ernest Thorin, Edit; Rue de Médicis, 7, à Paris.

Imp. Eudes.

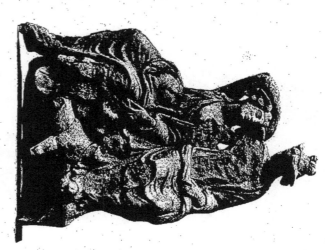

Héliog. Dujardin.

Ernest Thorin, Edit. Rue de Médicis 7 à Paris.

Imp. Eudes.

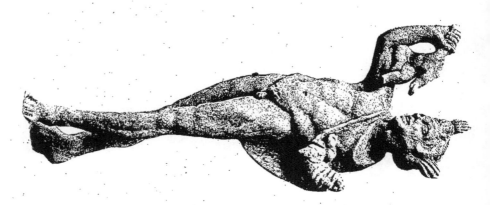

Héliog Dujardin.

Imp. Eudes.

Héliog. Dujardin.                                              A.Fontemoing. Edit.

Héliog. Dujardin.

A. Fontemoing. Edit.

A. Fontemoing, Edit.

Héliog. Dujardin. Imp. Eudes.

Ernest Thorin, Edit Rue de Médicis, 7, à Paris.

A. Fontemoing, Édit

Héliog Dujardin                                                        A. Fontemoing. Edit.

Héliog. Dujardin.                                                                A. Fontemoing, Edit.

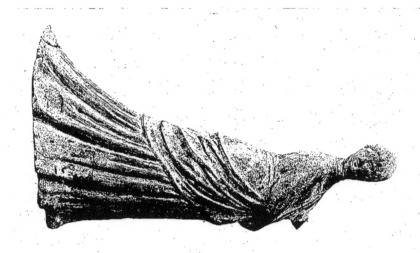

Héliog. Dujardin.

Ernest Thorin Editeur de l'école 7 à Paris.

Imp. Eudes.

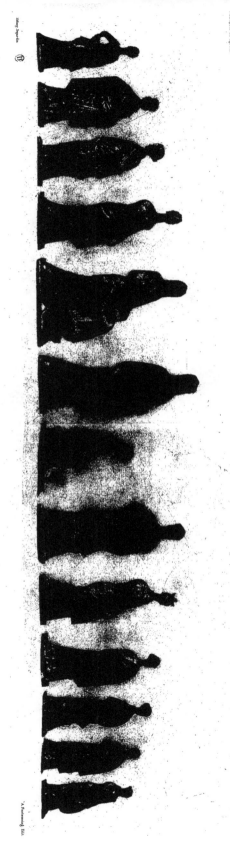

Héliog. Dujardin.

Ernest Thorin, Edit. Rue de Médicis, 7, à Paris.

Imp. Eudes.

XLI.

Héliog. Dujardin.          Imp. Eudes.

Ernest Thorin. Edit. Rue de Médicis, 7, à Paris.

Héliog. Dujardin.                                                    A. Fontemoing. Édit.

Ernest Thorin Edt. Rue de Médicis 7 à Paris.

Héliog. Dujardin.                                        Imp. Eudes.

Ernest Thorin, Edit. Rue de Médicis, 7, à Paris.

Héliog. Dujardin.                               Imp. Eudes.

Ernest Thorin. Edit. Rue de Médicis. 7. à Paris.

ERNEST THORIN, ÉDITEUR.

# MÉLANGES GRAUX

RECUEIL DE

# TRAVAUX D'ÉRUDITION CLASSIQUE

dédiés à la mémoire de CHARLES GRAUX

docteur ès-lettres, maître de conférences à l'École pratique des Hautes Études et à la Faculté des Lettres, etc.

*mort le 13 janvier 1882, à l'âge de vingt-neuf ans*

Un fort vol. gr. in-8° raisin, avec portrait et plusieurs fac-similés de mss. (héliogravure Dujardin). — Prix, 50 francs.

ARBOIS DE JUBAINVILLE (H. d'.), membre de l'Institut. — **Cours de littérature celtique**, tomes I et II. — Chaque volume : 8 fr.

CAGNAT (R.), professeur au Collège de France. — **Explorations épigraphiques et archéologiques en Tunisie**, 3 parties grand in-8, avec planches. Prix de chaque fascicule . . . . . . 7 50

CHAIGNET (A.-Ed.), recteur de l'académie de Poitiers. — **Théorie de la déclinaison des noms en grec et en latin**, d'après les principes de la philologie comparée. In-8. . . . . . . . 4 »

DENIS (J.), doyen de la Faculté des lettres de Caen. — **Histoire des théories et des idées morales dans l'antiquité.** 2° édition. 2 vol.in-8. . 10 »
Ouvrage couronné par l'Institut de France (Académie des sciences morales et politiques).

DRAPEYRON (Lud.). — **L'empereur Héraclius et l'empire byzantin au septième siècle.** 1 fort vol. in-8. . . . . . . . . . . 8 »

DUCHESNE (l'abbé L.) et BAYET (C.). — **Mémoire sur une mission au mont Athos**, par M. l'abbé Duchesne et M. Ch. Bayet. Suivi d'un Mémoire sur un ambon conservé à Salonique, la représentation des Mages en Orient et en Occident durant les premiers siècles, par M. Bayet.1 vol. gr. in-8, avec photographies. . . . . . . . . . . 8 »

DUGIT (E.), doyen de la Faculté des lettres de Grenoble. — **Étude sur l'aréopage athénien.** In-8. 4 »

DUMONT (Albert), membre de l'Institut, directeur honoraire de l'École française d'Athènes, directeur de l'enseignement supérieur au ministère de l'instruction publique. — **Inscriptions et monuments figurés de la Thrace.** Gr. in-8. . . . 5 »

— **Études d'archéologie athénienne**- Gr. in-4, avec 2 belles planches en taille douce. · 3 75
I. Notice sur une tête de statue en marbre d'ancien style athénien. — II. Pixis athénienne représentant Persée et les Gorgones.

— **De plumbeis apud Græcos tesseris commentatio.** Gr. in-8. . . . . . . . 4 »

— **Inscriptions céramiques de Grèce.** 1 beau vol. gr. in-8, imprimé à l'imprimerie nationale, contenant : 6 pages préliminaires, 445 de texte avec un très grand nombre de caractères épigraphiques, près de 150 bois intercalés dans le texte, et 14 belles planches noires ou coloriées renfermant un grand plan d'Athènes, 4 fig. color. et 259 figures gravées. . . . . . . . . . . 18 »
Tiré à 130 exemplaires. Presque épuisé.

— **Fastes éponymiques d'Athènes.** Nouveau mémoire sur la chronologie des archontes postérieurs à la CXXII° Olympiade : tableau chronologique et liste alphabétique des éponymes. Gr. in-8. . . 5 »

— **Peintures céramiques de la Grèce propre.** Recherches sur les noms d'artistes lus sur les vases de la Grèce. In-4. · . . . . . . 7 50

DUMONT (Albert). — **Terres cuites orientales et gréco orientales.** (Chaldée, Assyrie, Phénicie, Chypre et Rhodes). In-4°. . . . . . 4 »

FOUCART (P.), membre de l'Institut, directeur de l'Ecole française d'Athènes. — **Mémoire sur l'affranchissement des esclaves par forme de vente à une divinité,** d'après les inscriptions de Delphes. In-8. . . . . . . . . 2 »

— **Sénatus-consulte inédit de l'année 170 avant notre ère.** Gr. in-8. . . . . 2 »

GASQUY (A.). docteur ès-lettres. — **Cicéron jurisconsulte,** avec une table des principaux passages relatifs au droit contenus dans les œuvres de Cicéron. 1 vol. in-8. . . . . . . . . 5

LEBÈGUE (J.-A.), professeur à la Faculté des lettres de Toulouse. — **Recherches sur Délos.** 1 vol. gr. in-8, avec planches. . . . . 7 50

LYALL (Sir Alfred C.). — **Etudes sur les mœurs religieuses et sociales de l'Extrême-Orient.** In-8. . . . . . . . . . . . 12 »

MARRAST (Augustin). — **La vie byzantine au VI° siècle.** Préface et commentaires, par Adrien Planté, ancien magistrat. 2 vol. gr. in-8. 8 »

PETIT DE JULLEVILLE (L.), maître de conférences à l'École normale supérieure, professeur suppléant à la Sorbonne, — **Histoire de la Grèce sous la domination romaine.** Deuxième édition, revue et augmentée. 1 vol. in-18 jésus. . . . . 3 50
Ouvrage couronné par l'Académie française et par l'Association pour l'encouragement des études grecques en France.

POIRET (Jules), docteur ès-lettres. — **Essai sur l'éloquence judiciaire à Rome pendant la République.** 1 vol. in-8. . . . . . . 5 »

SIDOINE APOLLINAIRE. — **Ses Œuvres** (texte latin), publiées pour la première fois, dans l'ordre chronologique, d'après les manuscrits de la bibliothèque nationale, accompagnées de notes de divers commentateurs, précédées d'une introduction contenant une Étude sur Sidoine Apollinaire ; avec des dissertations sur sa langue, la chronologie de ses œuvres, les éditions et les manuscrits, par M. Eugène Baret, inspecteur général de l'instruction publique. 1 fort vol. gr. in-8. . . . . 16 »

THOMAS (Émile), professeur à la Faculté des lettres de Douai. — **Scoliastes de Virgile. Essai sur Servius et son commentaire sur Virgile,** d'après les manuscrits de Paris et les publications les plus récentes ; avec la liste et la description des manuscrits de Paris, l'indication des principaux manuscrits étrangers ; la liste et l'appréciation des principales éditions, et un tableau général des Scolies sur Virgile. 1 vol. in-8. . . . . . 8 »

CPSIA information can be obtained
at www.ICGtesting.com
Printed in the USA
BVHW051254250219
541082BV00025B/2079/P

9 782012 891814